# Heimat und Welt <sup>+</sup>

## Gesellschaftswissenschaften

## Saarland
## 9/10

# Arbeitsheft

**Autoren:**
Magnus Mauer-Chowanietz
Daniel Ullrich

unter Mitwirkung
der Verlagsredaktion

# Inhaltsverzeichnis

## Bildquellenverzeichnis

|akg-images GmbH, Berlin: Dix, Otto: Großstadt (Triptychon)/VG Bild-Kunst, Bonn 2022 4.1. |Alamy Stock Photo (RMB), Abingdon/Oxfordshire: QuantStock 18.1. |Baaske Cartoons, Müllheim: Mester, Gerhard 12.1. |fotolia.com, New York: Dietl, Jeanette 17.1. |Haitzinger, Horst, München: 17.3. |iStockphoto.com, Calgary: Nikada Titel. |Langner & Partner Werbeagentur GmbH, Hemmingen: 11.1, 15.1, 16.1, 20.1, 21.1. |Picture-Alliance GmbH, Frankfurt a.M.: 14.1. |Shutterstock.com, New York: Desitriviantie, Christina 18.2, 18.3; Primakov 22.1. |stock.adobe.com, Dublin: Dietl, Jeanette 17.2; Dragos Condrea 24.3; MH 24.2; momius 24.4; nikiteev 16.2; svort 24.1.

© 2023 Westermann Bildungsmedien Verlag GmbH, Georg-Westermann-Allee 66, 38104 Braunschweig
www.westermann.de

Druck A[1] / Jahr 2023
Alle Drucke der Serie A sind im Unterricht parallel verwendbar.

**Die Seiten dieses Produkts bestehen zu 100 % aus Altpapier.**

Damit tragen wir dazu bei, dass Wald geschützt wird, Ressourcen geschont werden und der Einsatz von Chemikalien reduziert wird. Die Produktion eines Klassensatzes unserer Arbeitshefte aus reinem Altpapier spart durchschnittlich 12 Kilogramm Holz und 178 Liter Wasser, sie vermeidet 7 Kilogramm Abfall und reduziert den Ausstoß von Kohlendioxid im Vergleich zu einem Klassensatz aus Frischfaserpapier. Unser Recyclingpapier ist nach den Richtlinien des Blauen Engels zertifiziert.

Redaktion: Patrick Thies
Druck und Bindung: Westermann Druck GmbH, Georg-Westermann-Allee 66, 38104 Braunschweig

ISBN 978-3-14-113245-3

# Die Verfassung der Weimarer Republik

Nach dem verlorenen Ersten Weltkrieg entstand die erste Republik mit demokratischer Verfassung in Deutschland. Die Verfassungsorgane, die mit der größten Macht ausgestattet waren, sollten direkt vom Volk gewählt werden. Wie waren die Verfassungsorgane miteinander verflochten?

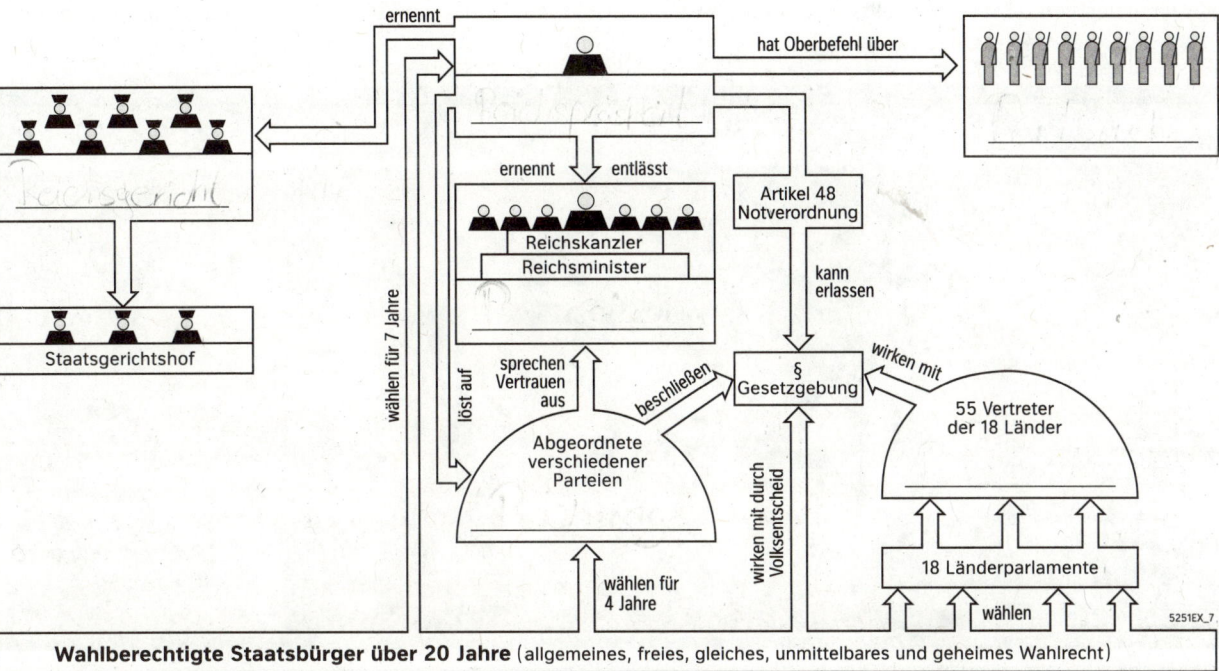

**M1** *Die Weimarer Verfassung*

Der Reichspräsident kann, wenn im Deutschen Reiche die öffentliche Sicherheit und Ordnung erheblich gestört oder gefährdet wird, die zur Wiederherstellung der öffentlichen Sicherheit und Ordnung nötigen Maßnahmen treffen, erforderlichenfalls mithilfe der bewaffneten Macht einschreiten. Zu diesem Zweck darf er vorübergehend die in den Artikeln 114, 115, 117, 118, 123, 124 und 153 festgesetzten Grundrechte ganz oder zum Teil außer Kraft setzen.

**M2** *Der Artikel 48 der Weimarer Verfassung*

1. **Ergänze die Beschriftung in M1, indem du folgende Begriffe einsetzt:**
*Reichsgericht, Reichsrat, Reichstag, Reichspräsident, Reichsregierung, Reichswehr.*

2. **Erkläre den Begriff** *Präsidialverfassung.*

*Der Reichspräsident hatte eine sehr große Macht, die der eines Ersatzmonarch glich.*

3. **Erkläre, welche Gefahr der Artikel 48 der Weimarer Verfassung für die Demokratie darstellte.**

*- Grundrechte zum Schutz von Menschen können außer kraft gesetzt werden.*
*- Gesetze können ohne Parlament beschlossen werden.*

# Die „Goldenen Zwanziger"

Mit „Goldene Zwanziger" sind die Jahre zwischen 1923/24 und 1929/30 gemeint, also die Zeit der kulturellen Blüte nach den schwierigen Anfängen der Weimarer Republik bis zum Einsetzen ihrer Untergangsphase. In dieser kurzen Periode kam es zu einer innen- und außenpolitischen Beruhigung, und auch die Wirtschaft wuchs. Das dreiteilige Bild (Triptychon) „Großstadt" von Otto Dix zeigt im Mittelteil eine ausschweifend feiernde Gesellschaft. Hier ist vieles von dem dargestellt, was mit dem Begriff „Goldene Zwanziger" üblicherweise verbunden wird. Doch es werden auch Gegensätze deutlich.

**M1** *„Großstadt" – Gemälde aus dem Jahr 1928 von Otto Dix (1891–1969).*

1 **Untersuche den Aufbau des Triptychons. Verwende dazu die Begriffe:** *Straßenszene, Ballsaal, Kulisse, Prostituierte, Soldaten, Jazzmusik, Bubikopf, Gesichtsausdrücke, Gegensätze.* **Berücksichtige dabei, dass das Triptychon etwa zehn Jahre nach dem Ersten Weltkrieg entstand.**

2 **Ein Rätsel: Welche Bedeutung könnte der schräge Tanzboden im Mittelteil haben?**

# Hitlers Aufstieg zur Macht

Der 30. Januar 1933 wird häufig als „Tag der Machtergreifung" bezeichnet. Tatsächlich handelte es sich hierbei vielmehr um eine „Machtübertragung", denn Reichspräsident Hindenburg ernannte Hitler zum Kanzler einer legal gewählten Regierung. Wie konnte Hitler an die Macht gelangen?

---

*Herr Wehler, für Kinder der Demokratie ist kaum vorstellbar, wie und warum Hitler heute vor 75 Jahren zum Reichskanzler ernannt wurde. Wie soll man es ihnen erklären?*

HANS-ULRICH-WEHLER: Man sollte anfangen mit der existenziellen Krise, in der sich die meisten Deutschen fühlten nach der Niederlage im Ersten Weltkrieg. Sprechen sollte man über die empfundene Kränkung durch den Versailler Vertrag […]. Hinzu gehört die […] Inflation, die das Vermögen vieler Menschen zerstörte und eine tiefe Depression nach sich zog. […] In dieser Situation steigt eine bayerische Exotenpartei auf und vereint 1933 über 13 Millionen Stimmen auf sich. […]

*War den Deutschen nicht klar, auf wen und was sie sich einließen?*

WEHLER: Ich glaube, das war ihnen nicht klar. Nachdem binnen drei Jahren drei Reichskanzler gescheitert waren, waren sie an eine autoritäre Politik gewöhnt […]. Brüning, Papen und Schleicher regierten nicht mit Gesetzen, die von einer Mehrheit verabschiedet wurden. […] Aber es gehörte noch nicht zur Vorstellung, auch der politisch interessierten Deut-schen nicht, dass daraus in kurzer Zeit eine totalitäre Diktatur entstehen könnte.

*Aber warum wehrte sich in den Monaten nach dem 30. Januar 1933 niemand dagegen, dass Hitler die ganze Macht bekam?*

WEHLER: Die geläufige Interpretation der Historiker ist: Die Parteien außerhalb der Hitler-Bewegung waren nicht im Stande, sich auf eine Koalition zu einigen. Gleichzeitig gab es die Massenbewegung der Nationalsozialisten […]. Um solch große politische Lager kann man nicht auf Dauer herumregieren. […] Die Konservativen und Deutschnationalen waren tatsächlich von dem Gedanken beseelt, sie könnten diesen Hitler zähmen. Das zeigt sich am besten am Satz Papens nach der Ernennung Hitlers zum Reichs-kanzler: „Wir haben ihn in unserer Hand und drücken ihn an die Wand, bis er quietscht."

*Ein naiver Irrglaube, wie sich bald herausstellte.*

WEHLER: Das ist richtig. Tatsächlich wurde Hitler von diesen Zähmungsexperten völlig unterschätzt.

*(Interview mit Hans-Ulrich Wehler. In: Zeitungsverlag Neue Westfälische GmbH & Co. KG, 30.01.2008)*

**M1** *Interview mit dem deutschen Historiker Hans-Ulrich Wehler (geb. 1931, gest. 2014)*

---

1 **Arbeite aus M1 die Argumente heraus, mit denen Hans-Ulrich Wehler den 30. Januar 1933 bewertet.**

# NS-Propaganda – eine politische Rede analysieren

Am 18. Februar 1943 hielt Reichspropagandaminister Joseph Goebbels im Berliner Sportpalast vor über 14 000 Menschen eine Rede, wenige Wochen nach der vernichtenden Niederlage in Stalingrad. Der Krieg war für Deutschland faktisch verloren. Die Alliierten forderten die bedingungslose Kapitulation Deutschlands. Dennoch entschloss sich die NS-Führung zu einer großen Propagandaaktion. Der Rundfunk sendete „live". Die Wochenschau zeigte später Auszüge der Rede im Kino. Die Rede gilt als ein Musterbeispiel der NS-Propaganda.

Das im NS *erzogene, geschulte und disziplinierte* deutsche Volk kann die *volle Wahrheit* vertragen [Beifall]. Es weiß, wie schwierig es um die Lage des Reiches bestellt ist, und seine Führung kann es deshalb auch *auffordern,* aus der *Bedrängtheit* der Situation die nötigen *härtesten* Folgerungen zu ziehen [Beifall]. [...] Ihr *also,* meine Zuhörer, repräsentiert in diesem Augenblick die *Nation.* Und an *euch* möchte ich *zehn Fragen* richten, die ihr mir mit dem deutschen Volke vor der *ganzen Welt,* insbesondere aber vor unseren Feinden, die uns auch an ihrem *Rundfunk* zuhören, beantworten müsst! *Wollt ihr das?* [Stürmische Rufe: „Ja !"]

Die Engländer behaupten, das deutsche Volk habe den Glauben an den Sieg verloren [wiederholt stürmische Worte „Nein!", „Nie!", „Niemals!"]. Ich frage euch: Glaubt ihr mit dem Führer und mit uns an den *endgültigen totalen Sieg der deutschen Waffen*? [Stürmische Rufe: „Ja!", starker Beifall, Sprechchöre „Sieg Heil "]. Ich frage euch: Seid ihr entschlossen, dem Führer in der Erkämpfung des Sieges durch *dick und dünn* und unter Aufnahme auch der *schwersten persönlichen Belastungen* zu folgen? [Stürmische Rufe: „Ja!", starker Beifall, Sprechchöre „Sieg Heil"].

Zweitens: Die Engländer behaupten, das deutsche Volk sei des *Kampfes müde.* [Rufe: „Nein!", „Pfui!"]. Ich frage euch: Seid ihr bereit, mit dem Führer als Phalanx der Heimat hinter der kämpfenden Wehrmacht stehend, *diesen Kampf* mit *wilder Entschlossenheit* und *unbeirrt* durch *alle Schicksalsfügungen* fortzusetzen, bis der Sieg in unseren Händen ist? [Stürmische Rufe: „Ja!", Beifall] [...]

Viertens: Die Engländer behaupten, das deutsche Volk wehrt sich gegen die totalen Kriegsmaßnahmen der Regierung. [Rufe: „Nein!"]. Es will nicht den *totalen Krieg,* sondern die *Kapitulation.* [Stürmische Rufe: „Nein!", „Pfui!"]. Ich frage euch: *Wollt ihr den totalen Krieg?* [Stürmische Rufe: „Ja!", starker Beifall, Trampeln und Klatschen]. Klatschen]. Wollt ihr ihn, [Rufe: „wir wollen ihn"], wenn *nötig, totaler und radikaler, als wir ihn uns heute überhaupt noch vorstellen können?* [Stürmische Rufe: „Ja!", Beifall] [...]

Neuntens: *Billigt ihr,* wenn nötig, die *radikalsten* Maßnahmen gegen einen kleinen Kreis von *Drückebergern und Schiebern* [...]? [Rufe: „Aufhängen!" Geschrei]. Seid Ihr damit einverstanden, dass, *wer sich am Krieg vergeht, den Kopf verliert?* [ Stürmische Rufe: „Ja!", starker Beifall]. [...] Die Nation ist zu allem bereit. Der Führer hat befohlen, wir werden ihm folgen. [...] Und *darum lautet von jetzt ab die Parole: Nun, Volk, steh auf und Sturm brich los!* [Tumultartiges Geschrei, langanhaltender Applaus, viele Rufe: „Sieg Heil!", der Saal singt die 1. Strophe der Nationalhymne].

**M1** *Auszüge aus der Rede von Joseph Goebbels am 18. Februar 1943 (die kursiv gedruckten Worte wurden von Goebbels besonders betont)*

1 *Analysiere die Rede in M1 mithilfe der folgenden Anleitung im blauen Kasten.*

**1. Schritt:** Inhalt und Hintergrundinformationen klären
• unbekannte Begriffe nachschlagen
• Wer hat wann, wo und zu welchem Anlass die Rede gehalten?
• An wen ist die Rede gerichtet?

**2. Schritt:** Inhalt analysieren
• Was ist das Thema der Rede?
• Worin bestehen die wichtigsten Aussagen?
• Wie ist die Rede gegliedert?

**3. Schritt:** Sprache untersuchen
• Welche sprachlichen Mittel werden verwendet?
• Welche Funktionen haben diese Mittel?

• Geht der Redner/die Rednerin auf die Zuhörer ein (Dialog)?
• Liegt die Rede auch als Filmdokument vor, lassen sich auch Gestik, Mimik und die Stimme des Redners/der Rednerin analysieren.

**4. Schritt:** Interpretation vornehmen
• Welche Zielsetzung der Rede lässt sich bestimmen?
• Welche Wirkungen (unmittelbar, zukünftig) sind zu erkennen?
• Wie ordnet sich die Rede in die historische Situation ein?
• Welchen persönlichen Eindruck hast du von der Rede (Zustimmung, Ablehnung)? Begründe deinen Eindruck.

# Zwei deutsche Staaten

Kurz nach dem Ende des Zweiten Weltkriegs hatten die Alliierten im Potsdamer Abkommen gemeinsam festgelegt, was mit Deutschland geschehen sollte. Der beginnende Ost-West-Konflikt verschärfte sich jedoch während der Besatzungszeit und führte 1949 zur Gründung von zwei deutschen Staaten.

Wir haben uns bereits seit 1945 bemüht, gemeinsam mit den anderen Parteien und Massenorganisationen des antifaschistisch-demokratischen Blocks die Grundlage für eine solche friedliche, demokratische Entwicklung zu schaffen. [...] Es wurden bedeutende strukturelle Veränderungen in Staat und Wirtschaft durchgeführt. Es erfolgte eine demokratische Umwälzung in der sowjetischen Besatzungszone Deutschlands. Durch die Enteignung der Kriegsverbrecher gingen die Schlüsselstellungen in der Wirtschaft in die Hände des Volkes über. [...] Es genügt nicht mehr, von der führenden Rolle der Arbeiterklasse zu reden. Es ist vielmehr notwendig, dass sich die Arbeiterklasse täglich ihre führende Rolle erwirbt, [...] indem sie unter Führung ihrer Partei, der Sozialistischen Einheitspartei, [...] eine breite Bewegung für den demokratischen Aufbau entfaltet.

*(Werner Ripper (Hrsg): Weltgeschichte im Aufriss. Deutschland im Spannungsfeld der Siegermächte. Frankfurt am Main: Verlag Diesterweg 1982, S. 277ff)*

**M1** *Aus einer Rede von Walter Ulbricht im Januar 1949*

Man kann erfolgreich bestreiten, dass der neue Oststaat überhaupt ein Staat ist [...]. Er ist eine Äußerungsform der russischen Außenpolitik. [...] Er hatte ursprünglich keine deutschen zentralen Organe. [...] [Der Oststaat] bedeutet die Anerkennung der Tatsache, dass bis auf weiteres das große russische Unternehmen, ganz Deutschland in die politischen, gesellschaftlichen, wirtschaftlichen und kulturellen Formen der Sowjets hineinzuzwingen, gescheitert ist. Die Loslösung der Ostzone durch die Russen [...] bedeutet das Hinausdrängen der westalliierten Einflüsse und der internationalen Kritik. Es war aber zur gleichen Zeit das Ende jeder demokratischen Freiheit der Deutschen in dieser Zone. [...] Die Etablierung dieses so genannten Oststaates [ist] eine Erschwerung der deutschen Einheit. Die Verhinderung dieser Einheit aber kann dieses Provisorium im Osten nicht bedeuten, weil das deutsche Volk und besonders die Bevölkerung der Ostzone Gebilde russischer Machpolitik auf deutschem Boden ablehnt.

*(Wolfgang Benz: Die Gründung der Bundesrepublik. Von der Bizone bis zum souveränen Staat. München: dtv 1984, S. 160f.)*

**M2** *Kommentar zur Gründung der DDR von Kurt Schumacher, Vorsitzender der SPD und Oppositionsführer im Deutschen Bundestag, am 15. Oktober 1949*

1 *Einzelarbeit: Teilt die Materialien M1 und M2 untereinander auf. Arbeite aus deinem Material heraus, wie Walter Ulbricht bzw. Kurt Schumacher die Entwicklungen in der sowjetischen Besatzungszone bewerten.*

| Walter Ulbricht | Kurt Schumacher |
|---|---|
| | |

2 *Partnerarbeit: Vergleicht eure Ergebnisse und ergänzt die zusätzlichen Informationen in der Tabelle.*

# Soziale Marktwirtschaft und zentrale Planwirtschaft

| Soziale Marktwirtschaft | Zentrale Planwirtschaft |
| --- | --- |
| | |
| | |
| | |
| | |
| | |
| | |
| | |

**1** *Ordne die Begriffe der sozialen Marktwirtschaft bzw. der Planwirtschaft zu. Trage sie in die Tabelle ein.*

*freie Preisbildung durch Angebot und Nachfrage – festgelegte Löhne – Wettbewerbsfreiheit – Fünfjahrespläne, Festlegung der Produktion – volkseigene Betriebe, kein Privateigentum – staatliche Lenkung – Gesetze sichern und fördern den Markt – Privateigentum der Produktionsmittel – soziale Sicherungssysteme – festgelegte Preise – kein Wettbewerb – festgelegte Arbeitszeiten*

**2** *Diskutiert Vor- und Nachteile der beiden Wirtschaftsordnungen.*

# Der Weg zur deutschen Einheit

**1** *Wortsuchrätsel – BRD und DDR*
   *a) Suche alle zehn Begriffe in dem Suchrätsel und ordne sie der BRD oder DDR zu.*
   *b) Arbeite mit deinem Partner. Erklärt euch wechselseitig die Begriffe.*

| S | T | A | A | T | S | S | I | C | H | E | R | H | E | I | T | G |
|---|---|---|---|---|---|---|---|---|---|---|---|---|---|---|---|---|
| W | I | R | T | S | C | H | A | F | T | S | W | U | N | D | E | R | R |
| S | F | J | L | U | K | E | T | O | P | L | M | N | B | G | R | U |
| E | B | E | S | A | T | Z | U | N | G | S | M | A | C | H | T | · T | N |
| Z | O | P | I | O | J | K | F | D | E | Z | T | U | M | I | N | D |
| W | I | E | D | E | R | V | E | R | E | I | N | I | G | U | N | G |
| M | A | R | K | T | W | I | R | T | S | C | H | A | F | T | M | E |
| A | M | E | W | R | T | I | P | K | L | D | U | W | A | C | H | S |
| U | A | S | L | M | U | B | G | Z | B | E | D | O | E | R | T | E |
| E | L | T | P | L | A | N | W | I | R | T | S | C | H | A | F | T |
| R | M | R | I | N | N | E | R | U | N | T | R | O | N | C | H | Z |
| F | F | O | S | C | H | L | A | H | U | M | H | J | F | U | R | G |
| A | D | I | P | L | K | M | E | I | N | G | O | N | F | T | K | G |
| L | E | K | O | L | L | N | F | D | S | A | E | T | R | Z | B | V |
| L | U | A | E | W | E | I | N | N | G | L | A | S | N | O | S | T |

**2** *Ordne die Schlagzeilen des Jahres 1989 (1–9) den Daten (A–I) zu.*

Ⓔ 7. Dezember

⑥ Erich Honecker tritt zurück.

Ⓕ 7. Oktober

④ Erich Honecker tritt zurück.

⑦ „Runder Tisch" in Ost-Berlin

Ⓐ Mai

③ Feier zum 40. Jahrestag der DDR

Ⓖ 18. Oktober

Ⓑ 9. November

Ⓓ 9. Oktober

⑨ Massenkundgebung auf dem Alexanderplatz

⑦ 70 000 Demonstranten in Leipzig

① DDR öffnet Grenzübergänge.

⑤ Kommunalwahlen in der DDR, angeblich 98,85% für Einheitsliste

Ⓒ 4. November

Ⓘ 9./10. November

⑧ Massenflucht

Ⓖ September

# Herausforderungen im Osten Deutschlands

Der damalige Bundeskanzler Helmut Kohl hatte 1990 den Menschen in den neuen Bundesländern eine Entwicklung von „blühenden Landschaften" vorhergesagt. Das machte den Menschen Hoffnung. Allerdings bestehen bis heute noch große Unterschiede in der wirtschaftlichen Entwicklung.

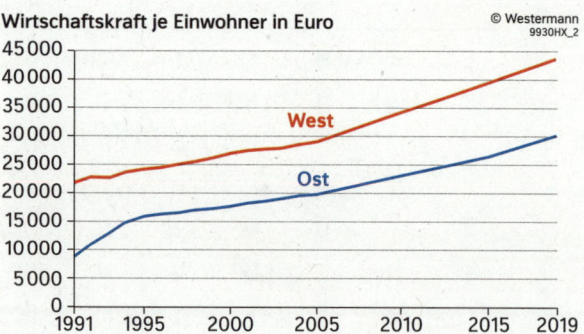

**M1** *Entwicklung der Wirtschaftskraft (1991–2019)*

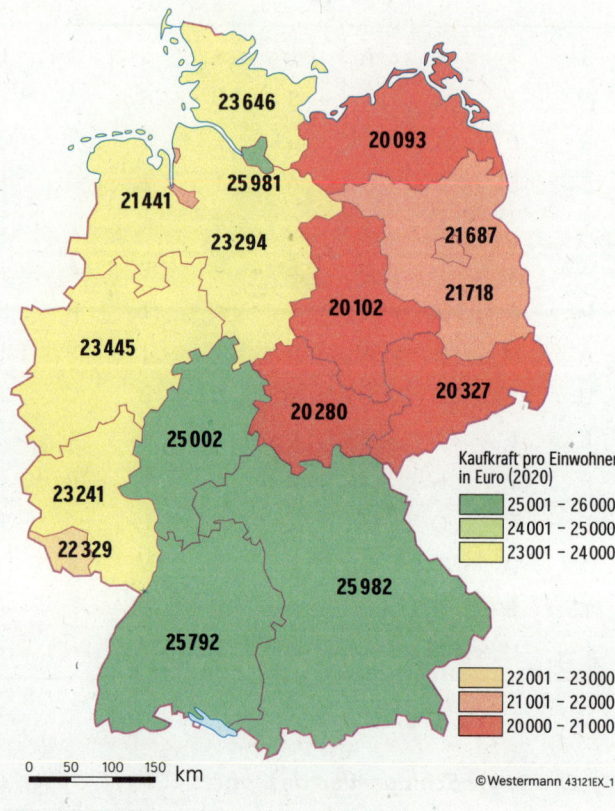

**M3** *Kaufkraft in Deutschland (2020)*

| | West | | | Ost | | |
|---|---|---|---|---|---|---|
| | 1970 | 1988 | 2020 | 1970 | 1988 | 2020 |
| Pkw | 55 | 68 | 79 | 16 | 52 | 71 |
| Waschmaschine | 75 | 86 | 96 | 54 | 66 | 98 |
| Geschirrspüler | 7 | 29 | 74 | | | 67 |
| Festnetztelefon | 51 | 93 | 86 | 6 | 16 | 83 |
| Mobiltelefon | | | 97 | | | 98 |
| Farbfernseher | 15 | 87 | 96 | 0 | 52 | 97 |
| PC | | | 92 | | | 90 |
| Internetzugang | | | 95 | | | 94 |

**M2** *Haushaltsausstattung mit Konsumgütern (in %)*

1️⃣ **Vergleiche die wirtschaftliche Entwicklung in Ost und West (M1–M3).**

_____

_____

_____

_____

_____

_____

_____

_____

_____

_____

_____

_____

2️⃣ **Diskutiert in der Klasse, inwieweit man von einer Annäherung der wirtschaftlichen Situation sprechen kann.**

# Die EU im Alltag

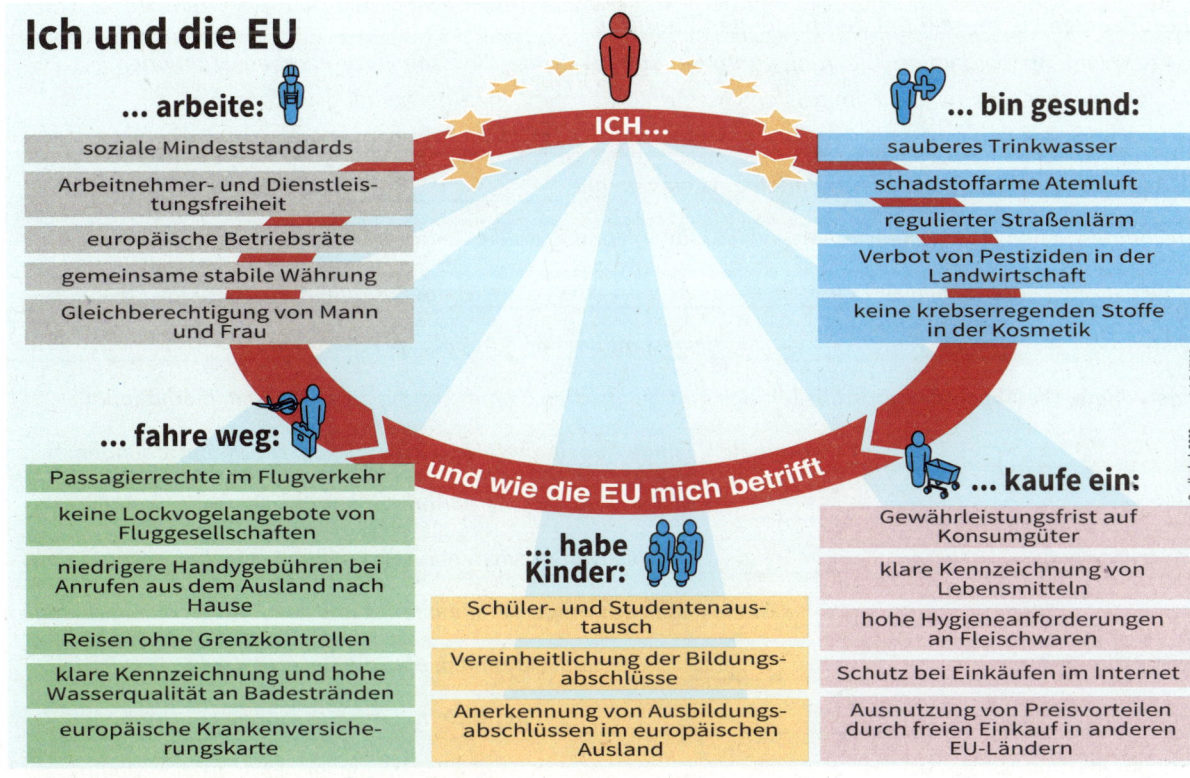

## Ich und die EU

**... arbeite:**

- soziale Mindeststandards
- Arbeitnehmer- und Dienstleistungsfreiheit
- europäische Betriebsräte
- gemeinsame stabile Währung
- Gleichberechtigung von Mann und Frau

**... bin gesund:**

- sauberes Trinkwasser
- schadstoffarme Atemluft
- regulierter Straßenlärm
- Verbot von Pestiziden in der Landwirtschaft
- keine krebserregenden Stoffe in der Kosmetik

**ICH...**

**und wie die EU mich betrifft**

**... fahre weg:**

- Passagierrechte im Flugverkehr
- keine Lockvogelangebote von Fluggesellschaften
- niedrigere Handygebühren bei Anrufen aus dem Ausland nach Hause
- Reisen ohne Grenzkontrollen
- klare Kennzeichnung und hohe Wasserqualität an Badeständen
- europäische Krankenversicherungskarte

**... habe Kinder:**

- Schüler- und Studentenaustausch
- Vereinheitlichung der Bildungsabschlüsse
- Anerkennung von Ausbildungsabschlüssen im europäischen Ausland

**... kaufe ein:**

- Gewährleistungsfrist auf Konsumgüter
- klare Kennzeichnung von Lebensmitteln
- hohe Hygieneanforderungen an Fleischwaren
- Schutz bei Einkäufen im Internet
- Ausnutzung von Preisvorteilen durch freien Einkauf in anderen EU-Ländern

L. & P. / 7033

Quelle: bpb 2009

**M1** *Wie mich die EU in meinem Leben betrifft.*

1 *Untersuche die Grafik und nenne fünf Punkte, die dir persönlich am wichtigsten sind. Schildere die Gründe für deine Auswahl.*

Schulbuch: Seiten 124/125

# Das Europäische Parlament

**1** *Ergänze den Lückentext mit den folgenden Begriffen:*
*Sitze, Wahl, Abgeordneten, 705, fünf, Kontrolle, Straßburg oder Brüssel, Verordnungen, Fraktionen, annehmen, gesetzgebende, Kommission, Rücktritt, Ausgaben, Mitentscheidungsverfahren.*

Die Abgeordneten des Europäischen Parlaments werden alle _____ Jahre direkt von den Wahlberechtigten in den EU-Mitgliedstaaten gewählt. In Anlehnung an die Bevölkerungsgröße haben die einzelnen Mitgliedstaaten unterschiedlich viele _____ im Parlament. Deutschland stellt die meisten _____ . Insgesamt hat das Europäische Parlament _____ Abgeordnete. Die Abgeordneten schließen sich ihrer politischen Grundrichtung entsprechend übernational zu _____ zusammen. Einige Abgeordnete sind fraktionslos. Die Plenartagungen finden in _____ statt. Das Europäische Parlament hat drei wesentliche Aufgaben:

1. Es teilt sich die _____ Gewalt mit dem Ministerrat (Rat der Europäischen Union). Das _____ ist die Regel, das heißt, der Ministerrat und das Parlament entscheiden gemeinsam über die _____ und Richtlinien, also die Gesetze der EU. Das Parlament kann die Europäische _____ auffordern, Gesetzesvorlagen einzubringen.

2. Es übt die demokratische _____ über alle Organe der Europäischen Union, insbesondere über die Kommission aus. Es bestätigt zum Beispiel die Kommission oder kann sie zum _____ zwingen. Zudem ist das Parlament für die _____ der Kommissionspräsidentin bzw. des Kommissionspräsidenten zuständig.

3. Es teilt sich das Haushaltsrecht mit dem Ministerrat und kann daher Einfluss auf die _____ der Europäischen Union nehmen. Die Abgeordneten haben das „letzte Wort" über den Gesamthaushalt, das Parlament kann ihn _____ oder ablehnen.

**2** *Analysiere die Zahlen in der Tabelle M1 und die Karikatur M2. Welches Problem wird angesprochen?*

| 1979: 65,7% | 1994: 60,0% | 2009: 43,3% |
|---|---|---|
| 1984: 56,8% | 1999: 45,2% | 2014: 48,1% |
| 1989: 62,3% | 2004: 43,0% | 2019: 61,4% |

**M1** *Europawahlen 1979–2019: Wahlbeteiligung in Deutschland*

**M2** *Karikatur*

_____

_____

_____

_____

_____

_____

# Disparitäten in Europa

1 **Bearbeite die Aufgaben zu den regionalen Disparitäten in der EU.**
**a) Entscheide, ob die Aussagen richtig oder falsch sind. Markiere dazu die Aussagen grün oder rot.**

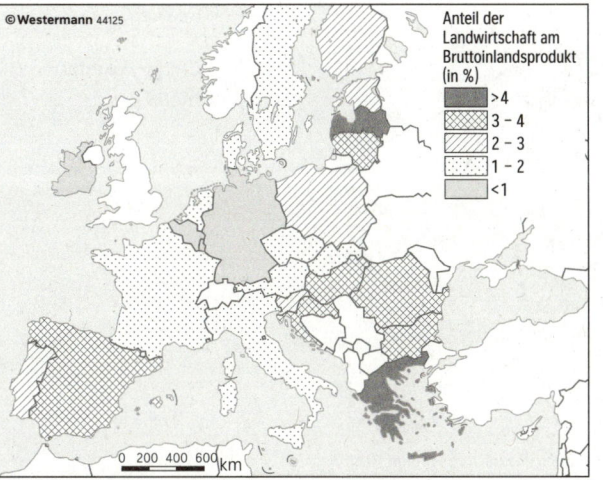

**M1** *Anteil der Landwirtschaft am Bruttoinlands-produkt (in %, 2020)*

① Die Spanne des Anteils der Landwirtschaft am Bruttoinlandsprodukt reicht in der EU von weniger als 1 % bis zu maximal 3 %.

② Deutschland zählt zu den Staaten mit dem geringsten Anteil (unter 1%).

③ Griechenland und Estland zählen zu den Staaten mit dem höchsten Anteil in der EU.

④ Bis auf Spanien liegen die Länder mit einem Anteil zwischen 3 % und 4 % alle in Osteuropa.

⑤ Insgesamt gibt es vier Staaten in der EU mit einem Anteil unter 1 %.

⑥ In einem Land mit einem Anteil unter 1 % ist die Landwirtschaft von nur geringer Bedeutung.

**b) Fülle den Lückentext aus.**

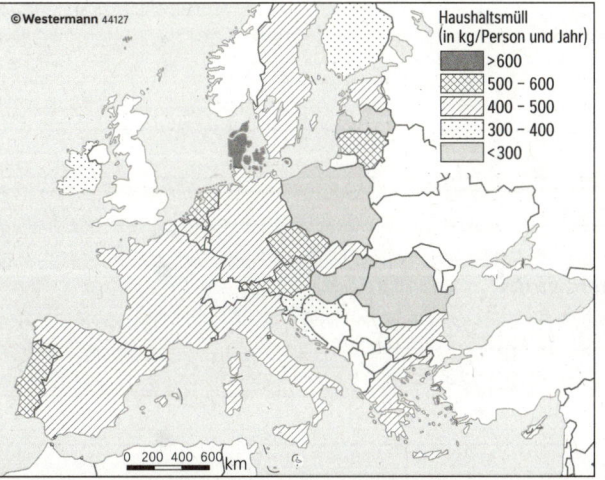

**M2** *Haushaltsmüll pro Person (in kg, 2018)*

*Durchschnittlich fallen in der EU jedes Jahr unge-fähr 430 kg Haushaltsmüll pro Person an. Dabei gibt es größere Unterschiede. Die Spanne des pro-duzierten Mülls liegt teilweise unter _____ kg, teilweise übersteigt sie _____ kg. Deutsch-land liegt hierbei im Mittelfeld (_____ kg bis _____ kg). Besonders viel Haushaltsmüll fällt in _____ an. Vergleichsweise geringe Mengen produzieren die Menschen in _____, _____ und _____.*

**c) Vervollständige die Aussagen.**

1. Die Lebenserwartung in den Staaten der EU

_____

_____

2. In Deutschland _____

_____

3. Die höchste Lebenserwartung in der EU _____

_____

4. Die niedrigste Lebenserwartung in der EU _____

_____

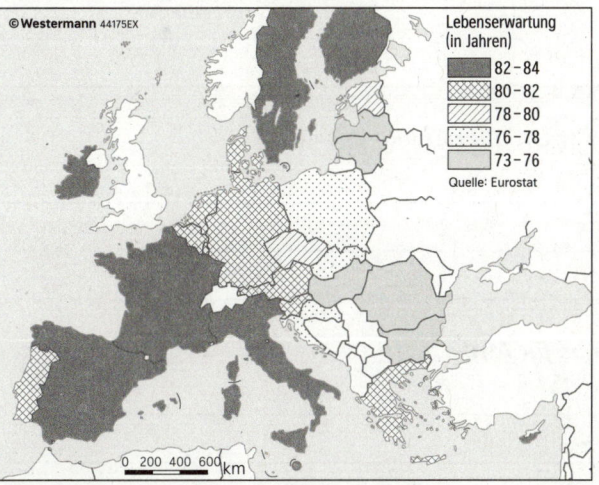

**M3** *Lebenserwartung (in Jahren, 2020)*

# Die „Neue Seidenstraße"

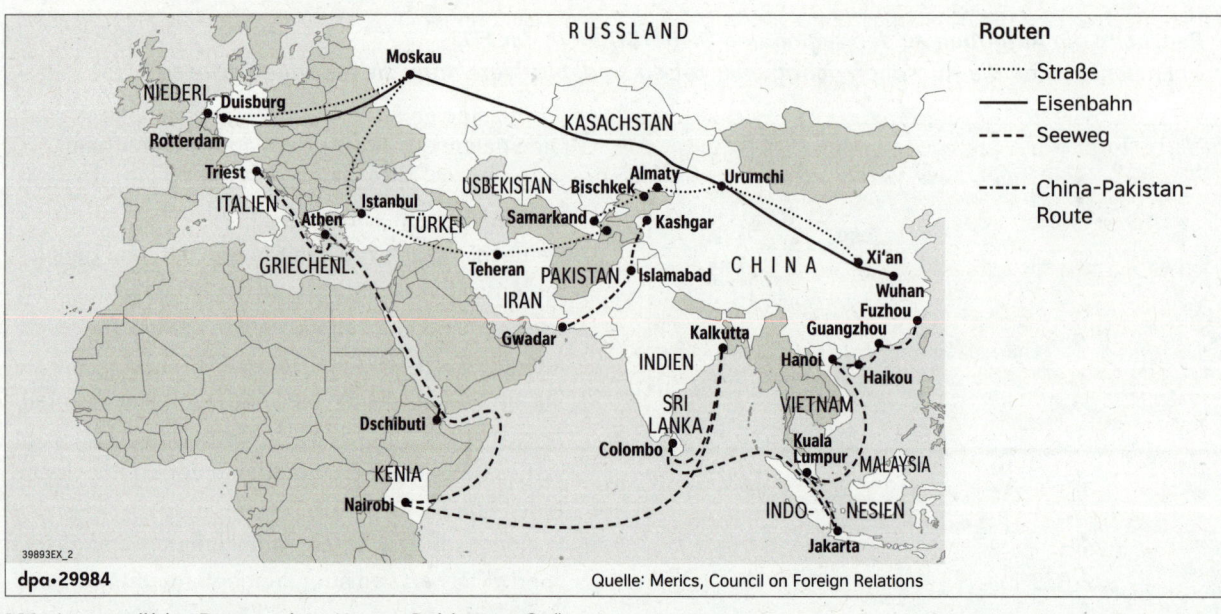

**M1** *Ausgewählte Routen der „Neuen Seidenstraße"*

☐1 **Beschreibe das Ziel des Projekts der „Neuen Seidenstraße".**

_____
_____
_____
_____
_____

☐2 **Erkläre, warum das Projekt von vielen kritisch gesehen wird.**

_____
_____
_____
_____

☐3 **Begründe, warum der Bau und Ausbau von Häfen im Rahmen des Projekts wichtig ist.**

☐4 **Der Bau des Hafens Gwadar in Pakistan ist besonders wichtig für China. Begründe.**

_____
_____
_____

☐5 **Erörtere die Vor- und Nachteile der Investitionen Chinas für Afrika.**

_____
_____
_____
_____

# Der Wirtschaftskreislauf

Mithilfe des Wirtschaftskreislaufs können die wirtschaftlichen Beziehungen in einer Volkswirtschaft übersichtlich dargestellt werden. Zwischen den privaten Haushalten, Unternehmen, Kreditinstituten und dem Staat werden die wirtschaftlichen Beziehungen durch ein Pfeilschema erläutert. Die Pfeilrichtung gibt an, wohin der Strom fließt. Es gibt Güterströme und Geldströme. Nicht berücksichtigt in dem abgebildeten einfachen Wirtschaftskreislauf sind die wirtschaftlichen Beziehungen mit dem Ausland. Addiert man den Wert aller Waren und Dienstleistungen, die in einer Volkswirtschaft in einem Jahr erstellt wurden, erhält man das Sozialprodukt.

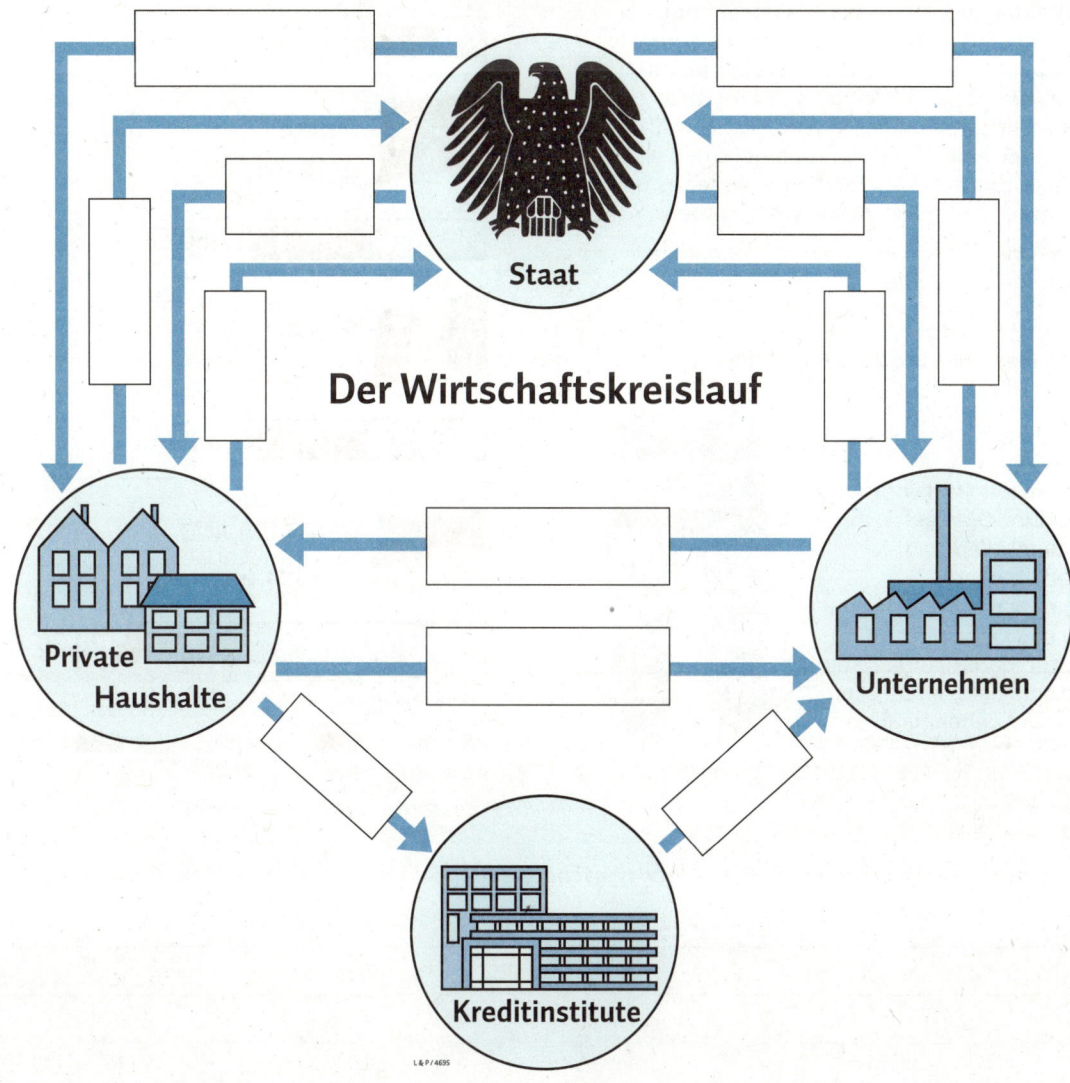

Der Wirtschaftskreislauf

Staat

Private Haushalte

Unternehmen

Kreditinstitute

L & P / 4695

Schulbuch: Seiten 188/189

1 *Die Grafik zeigt die Geldströme im Wirtschaftskreislauf. Ordne die fett gedruckten Begriffe im folgenden Textkasten den Pfeilen in der Grafik zu.*

- Unternehmen erhalten vom Staat **Staatsaufträge**, z. B. Bau von Schulen und Autobahnen.
- Haushalte erhalten vom Staat **Sozialleistungen**, z. B. Kindergeld.
- Haushalte legen einen Teil ihres Einkommens bei den Kreditinstituten als **Ersparnisse** an.
- Unternehmen nehmen bei den Kreditinstituten **Kredite** auf, damit sie investieren können.
- Haushalte führen an den Staat **Steuern** ab.
- Unternehmen führen an den Staat **Sozialabgaben** ab, z. B. Rentenversicherungsbeiträge.

- Haushalte (z. B. Lehrer) erhalten vom Staat **Einkommen**.
- Haushalte kaufen bei den Unternehmen Güter: **Konsumausgaben**.
- Haushalte erhalten von den Unternehmen **Einkommen** für geleistete Arbeit.
- Unternehmen erhalten vom Staat **Subventionen**, z. B. damit Arbeitsplätze gesichert werden.
- Unternehmen führen an den Staat **Steuern** ab.
- Haushalte führen an den Staat **Sozialabgaben** ab, z. B. Rentenversicherungsbeiträge.

# Globalisierung – Beispiel Textilien

Die Baumwolle kommt aus Kasachstan oder Indien. Diese wird in der Türkei zu Garn gesponnen und in Taiwan zu einem Stoff gewebt. In Frankreich wird dieser Stoff mit chinesischen Farbstoffen gefärbt, um dann in Honduras, unter Verwendung britischer Kurzwaren, zu einer Jeans genäht zu werden. Die Endverarbeitung der Jeans mit Bimsstein findet in Griechenland statt. Verkauft und getragen wird sie in Deutschland. Die gebrauchte Jeans landet im Altkleidercontainer und wandert von dort nach Rotterdam. Mit Schiff und LKW wird sie nach Afrika gebracht. Noch einmal verkauft und getragen wird sie in Ghana. Und so kann der Weg einer Jeans um die Welt heute tatsächlich 20 000 km betragen.

**M1** *Weg einer typischen Jeans*

**Wenn eine Jeans 50 Euro kostet, fließen ...**

- 25 Euro in den Einzelhandel (Verwaltung, Miete, Personal und Gewinn)
- 12,50 Euro zur Markenfirma (Entwicklung, Verkauf, Verwaltung, Werbung, Geschäftsgewinn)
- 5,50 Euro zur Transportfirma und an das Finanzamt
- 7 Euro zur Jeans-Fabrik (Materialkosten, Miete, Maschinen, Gewinn und Löhne für die Arbeiterinnen und Arbeiter)

**M2** *Verdienst an einer Jeans*

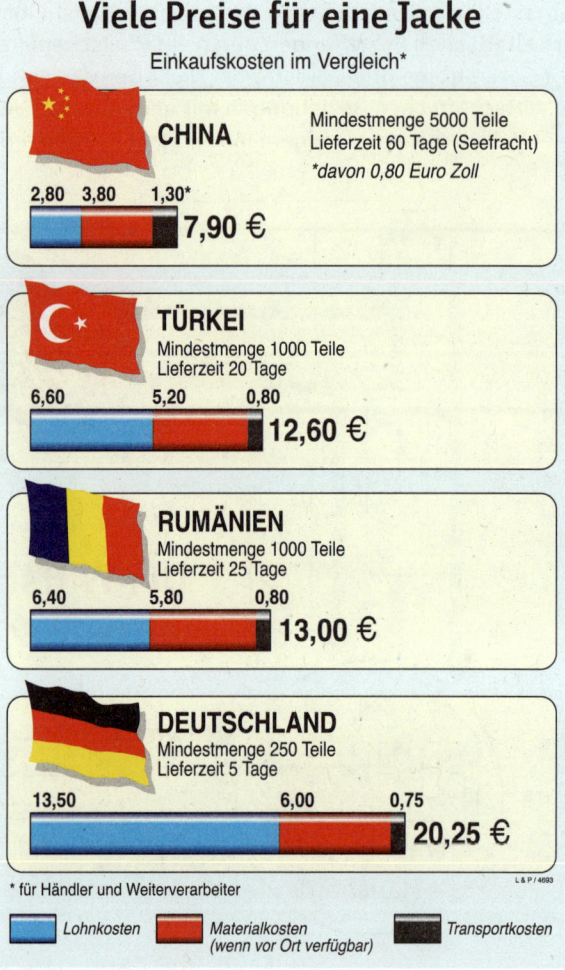

## Viele Preise für eine Jacke

Einkaufskosten im Vergleich*

**CHINA** — Mindestmenge 5000 Teile, Lieferzeit 60 Tage (Seefracht), *davon 0,80 Euro Zoll*
2,80   3,80   1,30*
**7,90 €**

**TÜRKEI** — Mindestmenge 1000 Teile, Lieferzeit 20 Tage
6,60   5,20   0,80
**12,60 €**

**RUMÄNIEN** — Mindestmenge 1000 Teile, Lieferzeit 25 Tage
6,40   5,80   0,80
**13,00 €**

**DEUTSCHLAND** — Mindestmenge 250 Teile, Lieferzeit 5 Tage
13,50   6,00   0,75
**20,25 €**

\* für Händler und Weiterverarbeiter

L & P / 4693

■ *Lohnkosten*    ■ *Materialkosten (wenn vor Ort verfügbar)*    ■ *Transportkosten*

**M3** *Kosten einer Jacke im Vergleich*

1 **Verfolge auf einer Weltkarte den Weg einer typischen Jeans. Erläutere die Gründe für diese Wegstrecke.**

2 **Beschreibe Auffälligkeiten beim Verdienst an einer Jeans bzw. bei den verschiedenen Kosten für eine Jacke.**

# Global Players

> Was ist denn ein „Global Player"?

> Das ist ein großes Unternehmen, das weltweit wirtschaftlich tätig ist. Es hat zwar in einem bestimmten Land den Firmensitz, aber große Teile von Entwicklung, Produktion, Verkauf usw. finden in anderen Ländern statt.

> Und wer wäre solch ein Global Player?

> Nehmen wir als Beispiel Ikea, ein Möbelhaus, das jeder kennt. Gegründet wurde Ikea in Schweden, heute hat es seinen Hauptsitz in den Niederlanden. In Deutschland ist Ikea seit 1974 vertreten, mit mittlerweile 54 Filialen und 20000 Mitarbeitenden. Im Geschäftsjahr 2021 betrieb Ikea weltweit 458 Filialen, beschäftigte 225000 Mitarbeitende und erzielte einen Umsatz von mehr als 39 Milliarden Dollar.

> Wie viele Global Players gibt es denn?

> Ganz genau kann ich das nicht sagen. Man schätzt, dass es weltweit etwa 65000 multinationale Firmen mit mehr als 60 Millionen Beschäftigten gibt.

> Da haben die Global Players eine große wirtschaftliche Bedeutung, scheint mir ...?

> Das kann man wohl sagen! Zum Beispiel machte der Ölkonzern Exxon Mobil 2019 einen Umsatz von knapp 265 Milliarden Dollar, das war mehr, als das gesamte Bruttoinlandsprodukt von Portugal. Der US-Konzern Walmart erzielte gar einen Umsatz von mehr als 555 Milliarden Dollar.

**M1** Dialog zu Global Players

**1** **Welche Rolle spielen multinationale Unternehmen in der Weltwirtschaft? Notiere stichwortartig.**

_____

_____

_____

_____

_____

_____

_____

_____

_____

_____

_____

**2** **Erläutere, was die Karikatur M2 aussagen will.**

SIE BEFINDEN SICH HIER

GLOBALISIERUNG

**M2** Karikatur

# Die UN – Entstehung und Völkerrecht

1 *Ergänze den Lückentext mit den folgenden Begriffen:*
*Blockade, Charta, Sicherheitsrat, legitim, Krieg, Völkerbundes, Recht, Gewalt, Pflicht, Wirtschaftsembargo, friedensschaffende, Selbstverteidigung, Verhandlungen, militärisches, Wiederherstellung, Militäraktion, Angreifer, Zwangsmaßnahmen.*

Die _____ der Vereinten Nationen verpflichtet die Unterzeichnerstaaten, jede Anwendung oder Androhung von _____ gegen andere Staaten zu unterlassen. Und in schmerzlicher Erinnerung an die Ohnmacht des _____ schufen die Vereinten Nationen erstmals im Völkerrecht die Möglichkeit, wirksame Maßnahmen gegen Staaten ergreifen zu können, die gegen die UN-Charta verstoßen und den Frieden gefährden. Dazu zählen in erster Linie politische Maßnahmen

(z. B. _____ ) und Zwangsmaßnahmen (z. B. eine _____ ,

ein _____ ), im äußersten Fall aber auch _____ Eingreifen.

Damit ist eine neue Bewertung von Krieg und militärischer Gewalt in das Völkerrecht gekommen:

Zum einen ist _____ zwischen Staaten als Mittel der Politik verboten und geächtet, zum anderen aber wird die Anwendung militärischer Gewalt unter zwei Voraussetzungen erlaubt:

– zur _____ gegen einen Angreifer, allein oder gemeinsam mit Verbündeten;

– zur _____ des Friedens, wenn der _____ der Vereinten Nationen, also das entscheidende Gremium der Völkergemeinschaft der Erde, einhellig die _____ beschließt, um gegen einen Staat vorzugehen, der einen Krieg angefangen hat und als _____ entlarvt worden ist.

Den Vereinten Nationen wurde also von allen Mitgliedstaaten die _____ übertragen, den Weltfrieden zu sichern, und es wurde ihnen zugleich das _____ erteilt, diese Aufgabe notfalls mit Gewalt zu erfüllen. Zum ersten Mal in der Geschichte der Menschheit ist nun völkerrechtlich anerkannt worden, dass militärische Maßnahmen der Völkergemeinschaft gegen einen Angreifer _____ , also gewissermaßen ein „gerechter" Krieg sind.

Die von den Vereinten Nationen legitimierten und in ihrem Auftrag durchgeführten _____ gegen einen Friedensbrecher werden ihrem Zweck nach „_____ Maßnahmen" genannt.

# Der UN-Sicherheitsrat

**1** *Ordne die Erklärungen rechts den gelb markierten Begriffen links zu. Ziehe dazu entsprechende Linien.*

## Zweck

Der Sicherheitsrat ist der Friedenswärter der Vereinten Nationen.

## Mitglieder

Der Sicherheitsrat hat fünf ständige Mitglieder (China, Frankreich, Großbritannien, Russland, USA) und zehn nicht ständige Mitglieder.

## Beschlüsse

Zur Beschlussfassung sind mindestens neun der 15 Stimmen erforderlich; die fünf ständigen Mitglieder haben ein Vetorecht.

## Mittel

- Vermittlungen
- gewaltlose Sanktionen
- militärische Sanktionen
- Entsendung von UN-Friedenstruppen

Ⓐ Damit ist das Recht gemeint, einen Beschluss durch Einspruch zu verhindern.

Ⓑ Diese Mitgliedstaaten sind immer vertreten.

Ⓒ Der Sicherheitsrat kann als „Blauhelme" bezeichnete Soldaten in Krisengebiete entsenden, wenn die Konfliktparteien damit einverstanden sind. Die „Blauhelme" dürfen keine Waffen einsetzen, außer zur Selbstverteidigung. Sie dienen meist als „Puffer" zwischen den Gegnern und überwachen z. B. einen Waffenstillstand.

Ⓓ Als letztes Mittel kann der Sicherheitsrat gegen einen Staat, der den Frieden verletzt hat, militärische Gewalt einsetzen. Da die Vereinten Nationen keine eigenen Soldaten haben, erteilt der Sicherheitsrat einem Mitgliedstaat oder mehreren Mitgliedstaaten den Auftrag, den aggressiven Staat zu bekämpfen. Ein solcher Auftrag wird auch als „Mandat" bezeichnet.

Ⓔ Diese Staaten werden von der UN-Generalversammlung jeweils für zwei Jahre in den Sicherheitsrat gewählt.

Ⓕ Den Konfliktparteien werden von den Vereinten Nationen Vorschläge zur Beilegung ihres Streites gemacht.

Ⓖ Durch Maßnahmen, die für einen Staat unangenehm sind, soll dieser gezwungen werden, Beschlüsse des UN-Sicherheitsrates zu befolgen – z. B. die Unterbrechung des Handels, der Verkehrsverbindungen oder der Abbruch der diplomatischen Beziehungen.

**2** *Zu jedem der vier Mittel des Sicherheitsrates gehört ein Beispiel. Notiere jeweils das entsprechende Mittel.*

**Beispiel 1:** _____

_____

Seit 1964 überwachen von den Vereinten Nationen entsandte Soldaten auf Zypern die Waffenstillstandslinien zwischen den Griechen und Türken.

**Beispiel 2:** _____

_____

Dem damaligen UN-Generalsekretär Perez de Cuellar gelang es 1988, durch Verhandlungen den irakisch-iranischen Krieg zu beenden.

**Beispiel 3:** _____

_____

Im Bürgerkrieg zwischen Serben, Kroaten und Bosniern flog die NATO im Auftrag der Vereinten Nationen Luftangriffe gegen serbische Stellungen. Diese Angriffe führten dazu, dass die serbische Seite im Herbst 1995 zu Friedensverhandlungen bereit war.

**Beispiel 4:** _____

_____

Um Libyen zur Auslieferung von Terroristen zu zwingen, stellten die Mitgliedstaaten der Vereinten Nationen jahrelang den Flugverkehr in dieses nordafrikanische Land ein.

# Die NATO und weitere Sicherheitsorganisationen

NATO ist die Abkürzung für den englischen Begriff „North Atlantic Treaty Organization", ins Deutsche übersetzt: Nordatlantisches Verteidigungsbündnis. Man spricht verkürzt auch vom „Nordatlantikpakt". Es ist der Name eines politisch-militärischen Bündnisses, das wenige Jahre nach dem Zweiten Weltkrieg im April 1949 von den USA, Kanada und neun europäischen Staaten gegründet wurde. Als wichtiges Ziel der NATO galt, die kommunistische Sowjetunion und ihre Verbündeten davon abzuhalten, gegen die westlichen Staaten Krieg zu führen.

Die kommunistischen Staaten schlossen sich 1955 unter Führung der Sowjetunion zum sogenannten „Warschauer Pakt" zusammen. 1991 zerfiel dieses Militärbündnis, daraufhin änderten sich die Ziele der NATO. Der Einsatz für Frieden und Freiheit ist heute das wichtigste Ziel. Die NATO-Mitgliedstaaten sind zudem verpflichtet, sich im Falle einer militärischen Bedrohung gegenseitig Beistand zu leisten. Viele europäische Staaten, die früher kommunistisch waren und dem Warschauer Pakt angehörten, sind inzwischen NATO-Mitglieder.

**M1** NATO-Staaten

1 *Benenne die Staaten, die der NATO angehören.*

_____

_____

_____

_____

_____

_____

_____

_____

_____

_____

_____

_____

2 *Ergänze in den Lücken die folgenden Begriffe:*
*Friedensmissionen, Konflikten, militärische, Menschenrechte, Kriegsparteien.*

In der Organisation für Sicherheit und Zusammenarbeit in Europa (OSZE) arbeiten 57 Staaten zusammen, darunter alle NATO-Staaten und die Nachfolgestaaten der früheren Sowjetunion. Die OSZE will vor allem das Entstehen von _____ verhindern helfen. Bei ausgebrochenen Konflikten darf die OSZE nur eingreifen, wenn die _____ damit einverstanden sind.

Der Europarat mit Sitz in Straßburg wurde 1949 zunächst von zehn europäischen Staaten gegründet. Heute hat er 46 Mitglieder (Stand: Oktober 2022). Er befasst sich vorrangig mit dem Schutz der _____, der Demokratie und der Erhaltung des kulturellen Erbes.

In der Partnerschaft für den Frieden arbeiten über 20 Staaten aus Europa, Zentralasien und dem Kaukasus mit der NATO zusammen. Durch gemeinsame _____ Übungen wollen diese Länder ihre Fähigkeit verbessern, bei _____ zusammenzuwirken.

# Der Auftrag der Bundeswehr

Auftrag der Bundeswehr ist es, im Rahmen eines gesamtstaatlichen Ansatzes ...

- Deutschlands Souveränität und territoriale Integrität zu verteidigen und seine Bürgerinnen/Bürger zu schützen,
- zur Resilienz (Krisenfestigkeit) von Staat und Gesellschaft gegen äußere Bedrohungen beizutragen,
- die außen- und sicherheitspolitische Handlungsfähigkeit Deutschlands abzustützen und zu sichern,
- gemeinsam mit Partnern und Verbündeten zur Abwehr sicherheitspolitischer Bedrohungen für unsere offene Gesellschaft und unsere freien und sicheren Welthandels- und Versorgungswege beizutragen,
- zur Verteidigung unserer Verbündeten und zum Schutz ihrer Staatsbürger beizutragen,
- Sicherheit und Stabilität im Internationalen Rahmen zu fördern und
- europäische Integration, transatlantische Partnerschaft und multinationale Zusammenarbeit zu stärken.

**M1** *Auftrag der deutschen Bundeswehr*

1 *Finde zu zwei Punkten des Auftrags der Bundeswehr erklärende Beispiele.*

_____
_____
_____
_____
_____
_____
_____
_____
_____

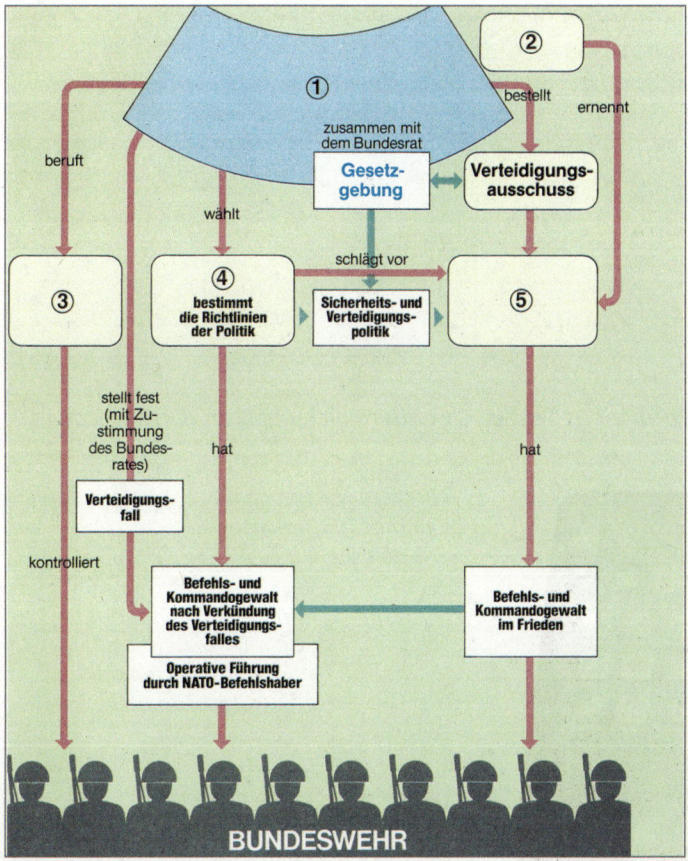

**M2** *Die Bundeswehr in der Demokratie*

2 *Die Grafik zeigt die Stellung der Bundeswehr in unserer parlamentarischen Demokratie. Ordne die folgenden Begriffe den Nummern in der Grafik zu:*
*Bundesminister/-in der Verteidigung, Bundeskanzler/-in, Bundestag, Wehrbeauftragte/r, Bundespräsident/-in*

① _____

② _____

③ _____

④ _____

⑤ _____

Schulbuch: Seiten 258/259

21

# Ein Medienprotokoll erstellen

Digitale Medien begegnen dir überall in deinem Alltag, in der Schule und in deiner Freizeit. Oft ist dir gar nicht bewusst, wie viel Zeit du am Computer, Tablet oder Smartphone verbringst.

**1** *Erstelle ein Tagesprotokoll zu deiner Mediennutzung. Fülle dazu die Tabelle möglichst genau aus.*

| Dauer der Beschäftigung (Uhrzeit von – bis) | Art der Beschäftigung (Was mache ich gerade? z. B. Aufgaben, chatten, streamen, spielen, usw.) | Begründung (Warum mache ich das gerade?) |
|---|---|---|
| | | |
| | | |
| | | |
| | | |
| | | |
| | | |
| | | |
| | | |
| | | |

**2** *Reflektiere deinen eigenen Medienkonsum in Form eines Textes. Orientiere dich dazu an den Leitfragen.*

Wie viel Zeit verbringst du wirklich mit digitalen Medien am Tag?

Wie viele Nachrichten bekommst du, während du arbeitest?

Wie viel Zeit verbringst du mit Social Media, wie viel mit Sozialkontakten in der Realität?

Wie viel Zeit verbringst du mit Spielen? Leiden Freundschaften oder Noten darunter?

Klickst du sofort auf jede Nachricht, weil du fürchtest, etwas zu verpassen?

Macht dir dein Smartphone dein Leben leichter oder hält es dich eher von deinem Leben ab?

# Chancen und Gefahren

In vielerlei Hinsicht haben digitale Medien das Leben erleichtert. Aber wo Licht ist, ist auch Schatten: Die Chance, dass jeder seine Inhalte auf Blogs und Social Media verbreiten kann, demokratisiert den Informationsaustausch und fördert die Vielfalt, gleichzeitig öffnet es die Tür zu Fake News und Manipulation. Die Möglichkeit, anonym zu kommunizieren, gibt einerseits Sicherheit und eröffnet die Möglichkeit, sich auch über das auszutauschen, was man sich nicht traut, persönlich zu besprechen. Andererseits öffnet es die Tür zu Hatespeech, Mobbing und Hinterhältigkeit. Auch Staaten können Daten missbrauchen, ob zur Einflussnahme auf die Politik anderer Länder oder zur Manipulation oder Kontrolle der eigenen Bevölkerung.

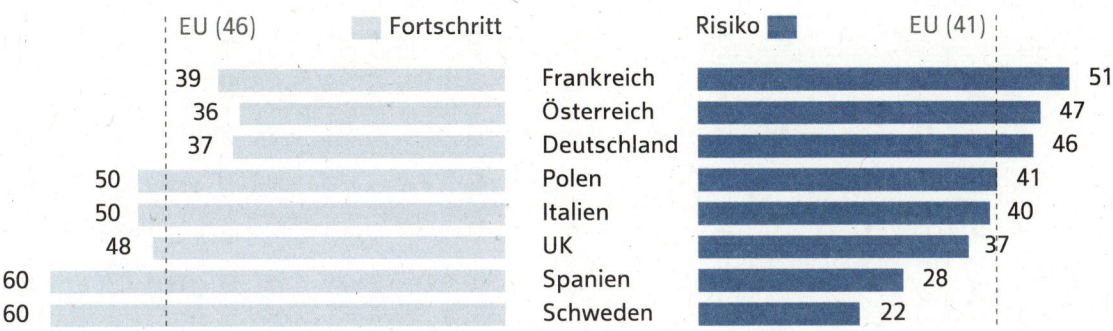

| EU (46) | Fortschritt | | Risiko | EU (41) | |
|---|---|---|---|---|---|
| 39 | | Frankreich | | 51 | |
| 36 | | Österreich | | 47 | |
| 37 | | Deutschland | | 46 | |
| 50 | | Polen | | 41 | |
| 50 | | Italien | | 40 | |
| 48 | | UK | | 37 | |
| 60 | | Spanien | | 28 | |
| 60 | | Schweden | | 22 | |

**M1**  *Anteil der Europäerinnen und Europäer zwischen 16 und 30 Jahren, die Social Media als Fortschritt oder als Risiko für die Demokratie sehen (13 000 Befragte, Angaben in Prozent)*

1 **Fasse die Hauptaussagen von M1 zusammen.**

_____

_____

_____

2 **Arbeite mit einem Lernpartner oder einer Lernpartnerin.**
**a) Fülle in Einzelarbeit die Tabelle M2 aus.**

| | Chance | Gefahr |
|---|---|---|
| Jede/Jeder kann mitreden – z. B. auf Facebook, Twitter oder in Online-Foren. | | |
| Meinungen über andere Personen können anonym ins Netz gestellt werden. | | |
| Politische Bewegungen organisieren sich zu bestimmten Anliegen (z. B. Fridays for Future). | | |
| Es gibt Petitionsplattformen oder Online-Plattformen (z. B. #aufstehn, #BlackLivesMatter, #staythefuckhome). | | |
| Handyvideos von Straftaten werden online gestellt (z. B. George Floyd, Diskriminierung von Migrantinnen und Migranten ...). | | |
| Kontrolle von Bürgern und Bürgerinnen (z. B. in China). | | |
| Politikerinnen und Politiker wenden sich direkt an die Bevölkerung. | | |

**M2**  *Soziale Medien – Chance oder Gefahr für die Demokratie?*

**b) Vergleicht eure Ergebnisse und diskutiert darüber.**
**c) Diskutiert über M2 hinaus weitere Bereiche, wo soziale Medien als Chance oder Gefahr für die Demokratie gesehen werden können.**

_____

_____

_____

Schulbuch: Seiten 268 – 295

# Medien und Politik – ein Suchsel

1 *Hier haben sich 12 Fachbegriffe zum Kapitel „Medien und Politik" versteckt (senkrecht & waagerecht). Findest du sie alle? Markiere die Begriffe farbig. (ä=ae, ö=oe, ü=ue)*

| | | | | | | | | | | | | | | | | | | | | | | | | |
|---|---|---|---|---|---|---|---|---|---|---|---|---|---|---|---|---|---|---|---|---|---|---|---|---|
| O | K | U | G | C | K | E | S | Q | H | H | J | E | L | J | T | L | H | S | X | X | R | Y | H | S |
| B | B | H | S | K | Y | H | H | Q | M | E | I | N | U | N | G | S | F | R | E | I | H | E | I | T |
| V | T | P | G | N | Y | G | H | X | A | U | W | X | U | B | L | P | Q | Y | D | T | C | C | G | K |
| L | D | K | M | M | N | S | U | N | D | F | W | O | F | N | F | C | Y | P | U | V | U | P | L | R |
| Y | P | O | P | B | G | O | B | N | U | U | L | B | M | B | Q | C | E | V | R | H | Q | E | U | F |
| S | L | V | J | Z | E | N | S | U | R | C | X | I | Q | R | F | S | I | H | H | W | Q | R | N | W |
| J | J | H | E | W | Q | D | S | H | Y | X | X | S | P | X | U | Y | M | E | O | B | S | T | K |
| Q | U | A | E | Y | C | N | D | T | X | B | O | U | N | G | Q | C | K | D | B | B | E | O | E | N |
| H | W | T | R | D | U | G | M | M | U | E | K | W | V | F | Q | H | L | R | E | B | W | E | R | M |
| E | L | E | W | I | H | G | G | O | G | R | L | G | U | O | S | M | M | V | R | C | O | N | H | J |
| F | T | S | U | Z | M | W | N | J | N | M | E | R | D | S | Y | A | B | K | R | Y | M | L | A | N |
| X | M | P | S | X | L | T | D | X | S | O | Y | U | L | N | L | S | T | M | E | N | J | I | L | J |
| X | A | E | S | I | O | N | Z | N | T | B | L | O | M | I | P | C | Z | F | C | P | C | C | T | V |
| I | X | E | T | R | U | T | E | N | B | U | Y | N | L | G | H | B | Q | H | B | V | H | U | F |
| X | F | C | F | F | J | B | E | T | W | I | T | H | Z | W | C | I | P | S | T | I | C | K | N | A |
| Y | V | H | T | P | U | L | U | Z | N | N | V | I | O | E | S | N | J | X | H | N | Y | E | G | K |
| N | E | O | D | O | Y | J | E | W | V | G | F | X | L | Z | I | E | M | T | F | S | F | I | G | E |
| B | L | O | G | D | M | L | N | E | N | J | O | U | H | L | N | G | U | X | N | V | D | T | X | N |
| D | L | R | F | J | A | Q | L | R | H | A | J | V | M | U | U | P | B | B | H | C | X | S | T | E |
| Q | V | A | R | Y | E | X | M | K | D | U | Q | Y | Y | J | Y | T | P | R | P | U | P | R | L | W |
| O | R | L | Y | E | C | J | R | D | E | I | N | F | O | R | M | A | T | I | O | N | N | E | X | S |
| V | V | T | V | O | C | K | C | I | E | R | J | M | W | V | K | S | M | W | Z | U | Z | C | Y | S |
| U | M | A | P | Z | L | C | E | V | I | B | E | N | D | N | W | B | Y | Q | B | Z | O | H | K | G |
| Y | Z | J | Q | X | S | V | T | S | C | Y | H | L | H | X | Q | T | L | U | I | F | B | T | Y | J |
| Y | K | N | N | H | B | A | T | E | F | T | X | X | U | P | N | L | Q | D | J | P | B | E | J | B |

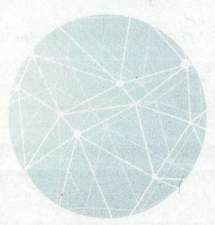